Discernir el Llamado de Dios

Discernir el Llamado de Dios

Ayudar a la gente a discernir el llamado de Dios
para dirigir los Ejercicios Espirituales
de San Ignacio de Loyola,
19a Anotación

Ellen Tomaszewski

Con el Grupo de SEEL Tri-Cities

Discernir el llamado de Dios

Copyright © 2018 - Ellen Tomaszewski

& etcetera press

ISBN: 978-1-936824-55-7

Etcétera Press LLC; Richland, WA 99352

El material de este manual son los derechos del autor. Por favor, compre una copia certificada para su uso y para los de su grupo.

Contenido

Introducción del año de discernimiento 7
Capítulo 1 19
Capítulo 2 31
Capítulo 3 43
Capítulo 4 50
Capítulo 5 56
Capítulo 6 62
Capítulo 7 67
Capítulo 8 77
Capítulo 9 79
Apéndice A 81
Apéndice B – Guias para conducta ética 92
Spiritual Exercises in Everyday Life (SEEL) 99

Introducción del año de discernimiento

¿Por qué un año de discernimiento?

El programa de los Ejercicios Espirituales de San Ignacio de Loyola (19a anotación) es a menudo dirigido por laicos, y para los laicos. Cuando los que participan como directores a menudo no están entrenados en la dirección espiritual, (como un seminario o lugar de estudios superiores) a menudo son entrenados por otros directores.

Para asegurar que el programa continúa, y que las personas nuevas son capaces de participar como directores, nuestro grupo, de los Ejercicios Espirituales en la vida cotidiana de Tri-Cities, tenía que encontrar una manera de entrenarles a las personas para que puedan convertirse en directores espirituales.

Nos dimos cuenta de que la mayoría de la gente no estaba lista para pasar de la oración a través de los Ejercicios a para dirigirlos. Así se formó este año de discernimiento.

Los llamados a la dirección tienen un proceso de discernir la llamada de Dios. Durante este año, la gente tiene la oportunidad de orar, discutir y considerar el compromiso y las habilidades necesarias para hacer un buen trabajo dirigiendo los ejercicios espirituales en la vida cotidiana, y si tienen el deseo y el tiempo para dedicarse a esa llamada.

Así como Jesús pasó tiempo creciendo y aprendiendo

durante treinta años antes de su ministerio, así también, los directores pueden tomar el tiempo para aprender y crecer antes de que comiencen los trabajos de dirección durante el año de discernimiento. Siguiendo este libro, cada persona en el programa tendrá la oportunidad de:

- Explorar su potencial
- Discutir con los demás los regalos y sus desafíos
- Identificar lugares que necesitan crecer o cambiar

Las habilidades que se enfocaran incluyen:
- Dones ministeriales
- Discernimiento mutuo, así como individual
- Compartiendo la vida de fe
- Regalos de un director espiritual

En esta configuración protegida, una persona puede probar y descubrir su llamado al ministerio de la dirección espiritual.

Discernimiento de Grupo

Es cierto que cada persona está llamada a considerar su propia orientación vocacional. Sin embargo, en la dirección espiritual, hay un aspecto comunal añadido. Es en el espíritu de discernimiento - una llamada dentro de la comunidad y con la comunidad - que presentamos este programa.

Proceso del año de discernimiento

Este proceso incluye la preparación y participación en ocho reuniones de dos horas y una reunión final de uno-a-uno entre el discernidor y el director del programa o director espiritual experimentado. Las actividades incluyen:

- Oración inicial
- Contenido
- Discusión del libro
- Acciones individuales
- Los miembros del grupo responden
- Práctica de la dirección Tríada (si es posible)
- Discutir Anotaciones de los Ejercicios Espirituales
- Evaluar la reunión
- Prepararse para la siguiente reunión
- Oración final

Facilitador de Discernimiento

La persona que facilita el proceso será:

- Conocedor de discernimiento
- Ya practica el discernimiento
- Demostrado haber incorporado muchas cualidades de un director espiritual en su vida
- Es capaz de comprender la dinámica de proyección y contra transferencia
- Dispuesto a arriesgar y desafiar, así como a amar
- Capaz de desarrollar un clima de discernimiento

Compromiso De Tiempo

Además de asistir a las reuniones de discernimiento, le pedimos que los participantes:

- Asistir a diversas experiencias de retiros, incluyendo las reuniones mensuales con los nuevos participantes del retiro.
- Encontrar un director espiritual y reunirse con él o ella al menos una vez al mes. (Si usted no tiene acceso a uno, por favor háganoslo saber y nosotros le ayudaremos con esto.)
- Lea los libros asignados y prepárate para hablar de ellos en las reuniones.

Resumen de la reunión

Las reuniones tendrán una duración de unas dos horas. Cada reunión tiene una agenda y se puede encontrar en este libro.

Cualidades de un Director Espiritual

Según el Instituto de Estudios Teológicos de la Universidad de Seattle, y de los Directores Espirituales Internacionales, estos son algunos aspectos de un director espiritual:

Llamado por Dios a la obra

- Se siente o percibe que Dios le está llamando
- La llamada interior es confirmada por signos externos, como ser buscado por otros

Dotado de las habilidades interpersonales

- ¿Es digno de confianza, psicológicamente maduro, y en el proceso de maduración más?
- Es capaz de ver lo que Dios está haciendo en otra persona
- Está creciendo en habilidades de estar con otra persona
- Está dispuesto y capaz de ser afectado
- Cambiado por la relación de la dirección espiritual

Dotado de gracia; es una persona de fe

- Es capaz de notar el movimiento de Dios en otra persona
- Vulnerable y abierto al misterio de la vida
- Desarrollando el conocimiento de teología, de la Escritura y la tradición espiritual
- Dispuesto a acompañar a otra persona a pesar de que los problemas podrían ser misteriosos y / o desafiantes

Visión General Del Año de Discernimiento

Reunión 1

- Revisar el año y su propósito
- Fijar las fechas de las reuniones, confirman la participación
- Obtener la asignación para el próximo mes
- Anotaciones 1, 2, 3, 5
- Comience a leer libros asignados

Reunión 2

- Hablar de consolación y desolación
- Discutir los capítulos 1-4 de Invitando al Mystic, Apoyo al Profeta
- Compartir mis dones y la llamada al ministerio de la Dirección Espiritual
- Anotaciones 11, 12, 13
- Reglas Ignaciana de Discernimiento # 313-336

Reunión 3

- Discutir la segunda mitad del Invitando al Mystic, Apoyando el Profeta (capítulos 5-9)
- Observar la sesión de dirección (presentada por los directores)
- Compartir cómo estoy aclarando mi llamada - indicaciones
- Anotaciones 16, 19, 20, Examen (24, 32-43)

Reunión 4

- Escuche a la presentación: espejo, aclarar, y desafío
- Compartir cómo estoy aclarando mi llamada referente a dirigir
- Discutir primeros 4 capítulos de encontrar a Dios en todas las cosas por William A. Barry, SJ
- Observar la sesión de dirección y comentar
- Anotaciones 4, 6, 7, 8, 9

Reunión 5

- Observar la dirección. Comentar con enfoque en reflejar, en aclarar, en desafiar, en la consolación y la desolación.
- Compartir cómo estoy aclarando mi llamada referente a dirigir
- Discutir los capítulos 5-8, encontrar a Dios en todas las cosas
- Anotaciones 14, 15, 16

Reunión 6

- Compartir fortalezas y lugares que yo necesito para crecer
- Discutir los capítulos 9-11, Encontrar a Dios en todas las Cosas
- Práctica de reflejo, aclarando, y desafiando
- Anotaciones 17, 18, 22
- Observar la sesión de dirección y comentario

Reunión 7

- Discutir la Práctica de la Dirección Espiritual
- Discutir las primeras 60 páginas de El Arte de Escuchar Cristiana
- Observar la sesión de dirección y comentar

- Compartir temas y problemas en convertirse en un director espiritual
- Ejercicios Ignacianos # 170- # 189
- Obtenga instrucciones para el papel final

Reunión 8

- Traiga sus comentarios por escrito a los papeles de los demás.
- Finalizar la discusión de El Arte de Escuchar Cristiana
- Compartir auto-recomendación y retroalimentación a los demás
- Ejercicios ignacianos: Primer Principio y Fundación # 23

Reunión 9 - Seguir

Reunirse con el facilitador individualmente para una aclaración final y decisión sobre los próximos pasos.

Recursos

Vamos a utilizar diversos recursos, incluyendo:

Lecturas obligatorias:

Deberá adquirir los siguientes libros y materiales [o las establecidas por los organizadores de su programa]:
- Invitando al Místico, Apoyo al Profeta por L. Patrick Carroll y Katherine Dyckman.
- La Práctica de la Dirección Espiritual - Connolly & Barry
- El Arte de Escuchar Cristiana - Thomas Hart
- Encontrar a Dios en Todas las Cosas por William A. Barry, SJ
- Los Ejercicios Espirituales de San Ignacio (varias traducciones disponibles)
- Directores Espirituales Normas Internacionales para Directores Espirituales © 2000. [Copias de estas normas se pueden obtener en la Dirección Espiritual Internacional Sitio Web, http://www.sdiworld.org.]

Otros buenos recursos (no es obligatorio)

- *Mujeres en el Pozo* - Kathleen Fischer
- *Cuidado de la Mente, Cuidado del Espíritu* - Gerald mayo
- *Adicción y Gracia* - Gerald mayo
- *La Espiritualidad y Madurez Personal* - Joann Wolski Conn
- *El Código de Ética para los Directores Espirituales* - Thomas M. Hedber, SDB y Betsy Caprio
- *Libertad Espiritual* - John Inglés S.J.
- *¿Qué es la Espiritualidad Ignaciana?* - David Flemming, S.J.

Contrato de aprendizaje

En la primera reunión, se le pedirá que llene y firme un contrato de aprendizaje. Esto le ayuda a saber lo que se espera, y le ayuda a solidificar su intención.

• Su contrato de aprendizaje puede ayudarle a recordar que este proceso necesita de su participación consciente.
• Usted puede elegir a alguien para ayudarle como su persona de apoyo de su elección, y usted puede enumerar esta persona en el formulario.

Una vez que llene el contrato, dará una copia a su director de grupo. Será devuelta a usted al final del año, antes de que usted escribir su papel de decisión del discernimiento, para que pueda reconocer su progreso hacia la finalización del programa.

Agendas de Reuniones

Capítulo 1

Oración inicial [5 min] - Alma de Cristo por David L. Fleming, SJ (Una paráfrasis contemporánea de Anima Christi, una oración favorita de Ignacio.)

> Jesús, que todo eso es lo que fluye en mí. Que tu cuerpo y sangre son mi comida y bebida. Que tu pasión y muerte sean mi fuerza y vida.
> Jesús, contigo a mi lado lo suficiente se ha dado. Que el refugio que busco sea la sombra de tu cruz. Déjame no huir del amor que me ofreces. Pero mantenme a salvo de las fuerzas del mal.
> En cada una de mis momentos, arroja tu luz y tu amor. Sigue llamándome hasta que llegue ese día, cuando, con tus santos pueda alabarte por siempre. Amen.

Bienvenida e Introducción [45 min]

Cada persona se presenta con la respuesta a esta pregunta:
- ¿Cómo te sientes acerca de los Ejercicios Espirituales y su relación con ellos? (Se honesto.)

Presentación [20 min]

- Descripción general del proceso del Año de discernimiento.
- ¿Por qué un año de discernimiento

- Las herramientas utilizadas para este discernimiento
- Cualidades de un director espiritual
- Preguntas y aclaraciones

Descanso [10 min]

Ejercicios Espirituales de San Ignacio Discusión [25 min]

- Anotación 1, 2, 3, 4, 5.

Finalice su decisión de participar [10 min]

- Silencio [3 minutos]
- Leer y releer la oración
- Llenar el contrato

Resumen [10 min]

- Establecer las fechas de las reuniones futuras
- Discutir la tarea para la próxima reunión
- Requisitos de revisión:

    o   Recibir dirección espiritual mensual
    o   Continuar tu propio discernimiento
    o   Leer y venir preparado para discutir la tarea
    o   Orar todos los días
    o   Ore diariamente, especialmente el Examen.
    o   Usted está invitado a asistir a cualquier reunión de grupo 19a Anotación Ejercicios Espirituales

Oración final [5 min]

Primer Principio y Fundación con Suscipe.

Deberes

- Por favor, oren con el Salmo 139 (página 27) y escriba en el diario la siguiente pregunta y estén preparados en nuestra próxima reunión para discutir sus respuestas.

Pregunta

- Al reflexionar sobre mi vida, ¿cuáles fueron los momentos claves de mi camino de fe que podrían indicarme que Dios me está llamando al ministerio de la dirección espiritual?

Leer

- Capítulos 1-4 Invitar al Místico, Suporte al Profeta y venga preparado para discutir.
- Anotaciones 11, 12, 13 en los Ejercicios Espirituales de San Ignacio. Venga preparado para discutir en la próxima reunión.
- Rezar el Examen todos los días.
- Haga arreglos para reunirse con un director espiritual al menos una vez este mes.
- Mantenga un diario de su viaje de discernimiento.

Discernimiento del Contrato de Aprendizaje

Identificar con sus propias palabras el problema principal que yo deseo discernir a través de este año de discernimiento.

Identificar un deseo que yo tengo, para apoyar mi año de discernimiento.
(Por ejemplo, encontrar un director, se convierte responsable del hábito diario de oración, buscar la sabiduría de las personas que han estado en el ministerio de la dirección espiritual, elegir un buen libro para leer de los Ejercicios, etc.)

¿Qué pasos puedo tomar para traer mi deseo a realidad? Se especificó. ¿Cómo, cuándo, dónde, qué me va a ayudar a alcanzar este deseo?

¿Me siento confirmado de mi deseo cuando lo traigo ante Dios en la oración? ¿Son los pasos que enumere arriba confirmados en la oración?

¿Cómo me siento llamado a hacer este año para apoyar a mi discernimiento, ahora que me he tomado el tiempo para identificar mis deseos internos, dejar que ellos se conviertan concretos, y los traigo a Dios?

Recompensa / celebrar:
Enumere algunas maneras en que yo puedo celebrar mi progreso en el camino para alcanzar mi deseo.

Firma _____

Fecha _____

Firma de Apoyo Persona (si lo desea):

_____

Cualidades de un Director Espiritual

Estos son algunos de los elementos de un corazón que discierne y por lo tanto la base para la dirección espiritual.

Calificaciones generales

- Entusiasta de los Ejercicios de San Ignacio
- Dedicado a su propio viaje espiritual
- Fiel a la oración
- A menudo buscado por otros para el consejo espiritual
- Es confiable
- Conservas la confidencialidad
- Compasivo - capaz de acompañar a otros en el sufrimiento o la alegría
- Trabajar hacia una espiritualidad madura

Desarrollo personal

- La madurez emocional - puede mantener los asuntos del ejercitante separados de los asuntos personales
- Puede trabajar a través de los conflictos de una manera efectiva
- Capaz de dar y recibir comentarios positivos y constructivos
- Sabe cuándo pedir ayuda y lo hace

El desarrollo espiritual

- Trabaja para desarrollar el conocimiento y la capacidad de vivir la Espiritualidad Ignaciana
- Nutre su propia vida espiritual a través de la oración y la dirección
- Tiene experiencia con la oración que utiliza el contenido y las imágenes (kataphatic vs. apofática) y

es capaz de guiar a otros en la oración Ignaciana
- Ha realizado un retiro dirigido, preferentemente, la anotación 19a

Conciencia social

- Consciente de la necesidad de la justicia social
- Reconoce a Dios en los pobres

Desarrollo de la vida comunitaria

- Cómodo con compartir su fe.
- Cómodo en dirigir un grupo de oración, o está abierto a aprender.
- Cree en nuestra misión y es capaz de dedicarle tiempo.
- Comprometido a participar en la comunidad, incluida la formación en el servicio, reuniones de directores, reuniones de los participantes, retiros, talleres, etc.

Las habilidades básicas necesarias antes de dirigir

- Practicar y adquirir habilidades de dirección espiritual
- Practicar y adquirir habilidades de escuchar activamente
- Conocimientos básicos y la comprensión de los "puntos" Ignacianos de los Ejercicios Espirituales

Oración Final

El Primer Principio y Fundacion de San Ignacio

La meta de nuestra vida es vivir con Dios para siempre. Dios, que nos ama, nos dio la vida. Nuestra propia respuesta de amor permite que la vida de Dios fluya en nosotros sin límite. Todas las cosas en este mundo son regalos de Dios, que se nos presentan para que podamos conocer a Dios más fácilmente y hacer un retorno de amor más fácilmente. Como resultado, apreciamos y utilizamos todos estos dones de Dios en la medida en que nos ayudan a desarrollar como personas amorosas. Pero si alguno de estos regalos se convierte en el centro de nuestras vidas, ellos desplazan a Dios.

Por lo tanto, obstaculizan nuestro crecimiento hacia nuestra meta.

En la vida cotidiana, entonces, debemos mantenernos en equilibrio antes de que todos estos dones creados en la medida en que tenemos una elección y no estamos sujetos a alguna obligación. No debemos fijar nuestros deseos sobre la salud o la enfermedad, la riqueza o la pobreza, el éxito o el fracaso, una vida larga o corta.

Porque todo tiene el potencial de invocar sobre nosotros una respuesta más profunda a nuestra vida en Dios.

Nuestro único deseo y nuestra única elección debería ser ésta: quiero y elijo lo que mejor conduce a que Dios profundice su vida en mí.

Con esto en mente, rezamos la oración de Ignacio:

Suscipe

Tomad, Señor, y recibid toda mi libertad,
Mi memoria, mi entendimiento y toda mi voluntad,
Todo lo que tengo y llamar a mi propia.
Usted me ha dado todo a mí. A ti, Señor, lo devuelo;
Todo es tuyo; hacer con él lo que quieras.
Dadme vuestro amor y gracia. Eso es suficiente para mí.
Amen

Hoja de preparación para el discernimiento reunión 2

Salmo 139

Oh, Señor, me has examinado y me conoces;
¿Sabes cuándo me siento y cuando me levanto;
Usted entiende desde lejos mis pensamientos.

Mis viajes y mi descanso escudriñas,
Con todos mis caminos estas familiarizado.
Incluso antes de que una palabra este en mi lengua, oh he aquí, Señor, tú sabes todo esto.

Detrás de mí y antes, me doblas y me apoyas en la mano. Tal conocimiento es demasiado maravilloso para mí, demasiado noble para mí.

¿Dónde puedo ir de tu espíritu de tu presencia dónde puedo huir? Si subo a los cielos, allí estás tú.

Si me hundo en el abismo, allí te encuentro. Si tomo las alas del amanecer, me estalo en los límites más lejanos del mar,
incluso allí, tu mano me guiará, y tu mano derecha me sostendrá rápido.

Si digiera: "Ciertamente las tinieblas me ocultaran, y la noche será mi luz." Porque tu oscuridad no es oscura, y la noche brilla como el día.

Verdaderamente has formado mi ser más íntimo;
Tú me tejiste en el vientre de mi madre.

Doy gracias porque estoy temeroso, maravillosamente

hecho;
Maravillosas son tus obras.

Mi alma también te conocia muy bien; ni era mi marco desconocido para ti.

Cuando fui hecho en secreto,
Yo fui formado en las profundidades de la tierra.

Tus ojos han visto mis acciones;
En su libro están todos escritos;
Mis días eran limitados antes de que uno de ellos existiera.

Que tan pesados son tus diseños, oh Dios.
¡Cuán grade es la suma de ellos!
Si tuviera que volver a contar ellos, se multiplican más que la arena;
¿Llegue al final de ellos, todavía debería estar contigo?

Examina, oh Dios, y conoce mi corazón;
Pruébame y conoce mis pensamientos;
A ver si mi camino esta torcido,
Y guíame en el camino de mi viaje.

Amén.

Examen
(Por favor practicar el Examen diario.)

Revisión
Reviso la última hora, día, semana, mes o año, en la creencia de que Dios está presente.
Gracias
Recuerdo los regalos que Dios me ha dado: la vida, la alimentación, la vivienda, el amor, los amigos, etc., y doy gracias por ellos.
Sentimiento
Me doy cuenta de mis pensamientos, palabras y acciones y sobre todo mis emociones. Pido a Dios que me ayude a entender lo que me dicen acerca de mí mismo.
Enfoque
Pido a Dios que me muestre cuáles de mis actitudes me hacen crecer más lejos de Dios. Rezo por la reconciliación y la tristeza por el pecado.
Futuro
Alabo a Dios por las veces que he respondido con amor. Pido la gracia de discernir la voluntad de Dios mañana y el coraje de seguirlo.
Amén.

Capítulo 2

Oración inicial [2 min]

Salmo 139 *(página 27)*

Bienvenida y presentarse [10 min]

• ¿Cómo te sientes de estar aquí?

Asignar grupos pequeños [1 min]

Presentación sobre Discernimiento [10 min]

• Revisar y Discutir las Reglas Ignaciana de Discernimiento # 313-336
• Examinar las reglas y los folletos

Introducción de Compartir en Grupos [5 min]

Por favor recuerde que está compartiendo, no está resolviendo el problema o investigando los hechos. Otros en el grupo escuchan mientras que cada discernidor comparte en turno. Después de compartir y un momento de silencio, está bien:
- Aclarar- Haga preguntas para aprender específicamente lo que la persona está sintiendo o pensando. Diga algo como: "Dime más sobre ...."
- Espejo, enfocándose en los sentimientos. "Oigo tristeza en su voz."
- Afirmar - condensar lo que una persona ha dicho, al notar su emoción. "Suena como que la experiencia fue muy poderoso y edificante para usted."

- Vamos a discutir estas técnicas más en nuestra próxima reunión.

Compartiendo

Al reflexionar sobre mi vida, ¿cuáles han sido los momentos claves en mi camino de fe que pudieran indicarme que Dios me está llamando al ministerio de la dirección espiritual?

Grupo de la Agenda Compartir [15 min / persona]

- Oración silenciosa [1 min]
- Una de acción individual [8 min]
- Silencio [1 min]
- Los miembros del grupo responden utilizando la reflexión, aclarando, y afirmando [4 min]
- Acciones individuales cómo fue para ellos
- Comience el proceso otra vez con la próxima persona [1 min]

Discusión del Libro [15 minutos]

- Capítulos 1-4 *Invitando al Místico, Apoyo al Profeta*.
- Ejercicios Espirituales Anotación Discusión - discutir Anotaciones 6-13

Oración final [2 min]

Pedimos la luz del Espíritu Santo, que yo podría ser capaz de ver a través de los ojos de Dios...
Los regalos que he recibido durante esta reunión que puedo estar agradecido. (Pausa)
Que podría ver a través de los ojos de Dios: donde Dios ha estado trabajando durante esta reunión y este día. (Pausa)
Que podría ver dónde cooperó con Dios y donde he colaborado con el mal o evite lo que era correcto. (Pausa)
Ayúdame a ver a través de los ojos de Dios el perdón que Dios me ofrece, por los tiempos cuando no he estado atento y sensible al amor de Dios. (Pausa)
Ayúdame a ver a través de los ojos de Dios como el espíritu de Dios estará conmigo cuando me voy de aquí y como el Espíritu Santo puede guiarme a través de mañana. (Pausa) ~ Amen

Evaluar la reunión - ¿cómo fue esto para usted? [2 min]

Tarea para la próxima reunión

En nuestra próxima reunión, vamos a explorar el llamado de Dios para nosotros. Para las tareas:
- Tenga en cuenta sus sentimientos interiores (afectividad) con respecto a su participación en SEEL de aquí a entonces
- Reflexionar y escribir en el diario las siguientes preguntas de discernimiento
- Lea la Hoja de Preparación que sigue
- Practique el Examen
- Reúnase con su director espiritual
- Lea Capítulos 5-9 *Invitar al Místico, Suporte al Profeta* y venga preparado para discutir.
- Lea Ignacianos de los *Ejercicios Espirituales* Anotaciones 16, 19, 20, 25, 32-43.

Discernimiento

El discernimiento es una disposición - un estado de ánimo en el que estoy dispuesto a ciertas cosas.
En el discernimiento, acerco mi oído, yo estoy dispuesto a considerarlo, y estoy listo a pensar en las siguientes características:

Deseo la libertad interior

Esto me permite tocar lo más profundo de mi ser interior. Es aquí donde realmente puedo querer lo que Dios quiere.

Deseo de apertura interior

Con la apertura interior, volví a descubrir en el tiempo de Dios lo que necesito para crecer en el discernimiento y la confianza. Estoy abierto a la contribución de otros en mi crecimiento.

Deseo de Confianza Interior

En la confianza que he oído, así como reconozco, mi respuesta a Dios, no importa lo que es eso (¿el miedo, el dolor, la ira, la alegría, el perdón, el amor, los prejuicios?). Quiero aceptar el hecho de que en Dios todo esto es posible y aceptable.

Compruebe conmigo mismo

- ¿Qué libre soy yo para responder a Dios?
- ¿Realmente quiero lo que Dios quiere?
- ¿Estoy abierto a recibir la verdad de mis regalos, así

como mis limitaciones?
- ¿En qué momento me encuentro diciendo a Dios: "No, no puedo ir más lejos"?
- ¿Dónde resisto a Dios?
- ¿Puedo ofrecer esa resistencia a Dios?
- ¿Soy capaz de dejar que Dios me ame, incluso en áreas donde no estoy libre, lugares que me dejo llevar por fuerzas externas, lugares donde soy adicto poco o mucho? (¿El dinero, el éxito, el poder, el tiempo, el control, el conocimiento, el trabajo, la comida, el azúcar, el alcohol, el sexo, la atención, etc.?)
- ¿Puedo dejar que Dios este conmigo con el fin de ayudarme a crecer en mi yo más completo?

Definiciones de Ignacio y las reglas para el discernimiento

Traducción por Sor Laurel Ann Becker, S.S.N.D. Editado por E. Tomaszewski. Nota: Los números en [paréntesis] se refieren a los números de los párrafos en los Ejercicios Espirituales de San Ignacio.

Definiciones

[316] La Consolación espiritual describe nuestra vida interior. Consolación está llena de amor por Dios y por los demás. La tristeza, debido a su pecado puede ser consuelo si le ayuda a darse cuenta de que eres un pecador mientras sientes el amor de Dios.

[317] La Desolación espiritual también describe la vida interior. Incluye todo lo que causa confusión, inquietud, o la separación de Dios. Si usted se siente aburrido, confuso, dudoso, inquieto, desanimado, o desgraciado, eso es desolación.

¿Qué hacer en la Consolación

[323] En la consolación, se preparan para la desolación. Apreciar el regalo.

[324a] Consolación puede proporcionar la oportunidad para el crecimiento y la verdadera humildad. Reconocer con gratitud los dones recibidos, y reconocer la bondad llena del favor de Dios.

¿Qué hacer en Desolación

[314b] En la desolación, mira lo fuerte que eres, porque el Señor está a tu lado.

[318] El espíritu malo le guía en momentos de desolación. Por lo tanto, cuando en la desolación, se adhieren a la decisión tomada en la consolación. Nunca cambie una decisión en la desolación que ha realizado en la consolación.

[319] Ora más, y añadir la penitencia.

[320] En la desolación usted tiene toda la gracia que necesitas y más. Dios está contigo.

[321] Si usted está tentado a ceder a la desolación, sea fuerte y lleno de esperanza. Piense en el consuelo que vendrá o recuerde en los sentimientos de consuelo que sentía. Recuerde cuanto el Señor te ama. ¡Sigue rezando!

[322] Hay tres razones para la desolación:
   a) Usted se lo merece.
   b) ¿Es una prueba - vas a confiar en ti mismo o poner tu confianza en Dios?
   c) Es la forma de saber que usted es criatura y todo es un don. Todo es gracia del Señor. En la desolación, se aprende más profundamente que no se puede hacer nada sin Él.

Reconociendo el espíritu del mal

[325] A veces, el espíritu del mal actúa como un niño travieso, molesto y perturba a usted todo el tiempo que puede salirse con la suya. Dile que se vaya de vuelta al infierno a donde pertenece, y él va a ir.

[326] A veces, el espíritu del mal actúa astutamente. Él hará amigos con usted, y le convencerá de que todo lo que intenta que hagas está bien, siempre y cuando se

mantenga como "nuestro pequeño secreto." Lo mejor que puedes hacer es ser abierto, admitir las faltas y los pecados.

[327]. A veces el espíritu maligno ataca sus puntos más débiles, para derrocar a su determinación y espíritu.

Las reglas que se aplican al momento de elegir entre el bien y el mal

[314] Si está atrapado en el pecado, el mal espíritu nos lleva a los placeres y las imágenes de placeres sensuales con el fin de mantener a los malos hábitos con más fuerza. Dios usa el método opuesto, pinchazos y muerde tu conciencia a través del proceso de la razón.

[315] Si usted está tratando de elegir el bien y tratando de amar al Señor (la lucha contra el mal,) el espíritu malo no va hacer nada para desalentarte o confundirte. Pero Dios es muy suave. Se siente tranquilo, alegre y sencillo.

Las reglas que se aplican cuando se trata de discernir entre el bien y Dios.

[328] Cuando usted está tratando de elegir entre el bien y Dios, Dios y sus ángeles tienden a dar apoyo, ánimo, y a veces incluso deleite.

[329] El espíritu maligno generalmente trata de hacer que se sienta insatisfecho, ansioso por el amor de Dios o de su respuesta, o le pica la conciencia con pensamientos de orgullo acerca de su intento de llevar una buena vida (desolación.)

[335] Cuando se trata de elegir entre el bien y Dios, el buen espíritu va a ser muy delicado, suave, o encantador. Se puede comparar a una gota de agua en una esponja. Cuando el espíritu maligno intenta interrumpir ese progreso, el movimiento es violento, inquietante y confuso. Se puede comparar a la manera en que una cascada golpea a una saliente de piedra. (Nota: lo opuesto sucede si usted está eligiendo el mal sobre el bien Ver la regla [314].).

[330] Si sientes consolación sin causa - cuando usted no tenía ningún especial pensamiento, logros, eventos, oraciones, o personas para crear el consuelo - considera que es de Dios. Sólo Dios trae consuelo y sin ningún estímulo exterior.

[336.] Cuando el consuelo viene sin causa, tenga mucho cuidado para distinguir el consuelo real de su resplandor, lo que puede producir la alegría y el regocijo por un tiempo. Durante el resplandor, su propio razonamiento humano y otras influencias entran en las decisiones.

[332] Para una persona que esta tratando de llevar una buena vida, se trata de elegir entre el bien y Dios, el espíritu malo normalmente aparece como un ángel de luz (bueno). Por ejemplo, usted podría estar inspirado por pensamientos o deseos aparentemente santos. Pero con el tiempo, esas inspiraciones conducen al orgullo, el egoísmo, o la preocupación.

[331] Cuando se trata de elegir entre el bien y Dios, y usted tiene la consolación con causa (Consolación interpuesto por ciertos pensamientos, logros, eventos o emociones) que puede haber consuelo del espíritu malo o bueno. El buen espíritu trae consuelo que fortalece y

acelera el progreso hacia Cristo.

El espíritu del mal, por el contrario, despierta buenos sentimientos (que viene como el "ángel de luz" para que nos sentimos tentados a centrar nuestra atención en las cosas equivocadas, perseguir motivos egoístas, o poner nuestra propia voluntad por encima de la de Cristo.

[332] Para una persona que trata de elegir entre el bien y Dios, el espíritu malo normalmente aparece como un "ángel de luz" (bueno). Por ejemplo, usted podría estar inspirado por los pensamientos y deseos 'santos' que conducen al orgullo, el egoísmo, o la preocupación.

[333] En las decisiones en que usted está tratando de elegir entre el bien y Dios, examinemos el principio, medio y final de una decisión. Si, al reflexionar sobre sus pensamientos, sentimientos y acciones, usted encuentra que sus ojos permanecían en el Señor, usted puede estar seguro de que el buen espíritu le ha estado moviendo.

Si te das cuenta que comenzó bien, pero los pensamientos y acciones se convirtió en auto-centrado o alejado de Dios, usted debe sospechar que el espíritu maligno ha torcido un buen comienzo de una dirección mala, y posiblemente un fin malo.

[334] En una elección en la que está tratando de elegir entre el bien y Dios, y usted reconoce que ha sido engañado por el espíritu del mal (que eligió bien pero le aleja de Dios), revise todas las etapas a través de las cuales habéis pasado. Comience desde el momento en el mal (o desolación) se hicieron evidentes y rastrear de nuevo a la buena de encontrar en qué se equivocó. Elija

una nueva dirección y estar en guardia en el futuro.

Oración Final

Un examen de conciencia para el final de la reunión

Pedimos la luz del Espíritu Santo, que yo podría ser capaz de ver a través de los ojos de Dios ...

- Los dones que he recibido durante este encuentro que yo puedo estar agradecido. (Pausa de 30 segundos)

- Que yo podría ver a través de los ojos de Dios: en que Dios ha estado trabajando durante esta reunión y el día de hoy.

- Que yo podría ver donde colaboré con Dios y donde he colaborado con el mal o evite lo que era correcto. (Pausa de 30 segundos)

- Ayúdame a ver a través de los ojos de Dios el perdón que Dios me ofrece, por los momentos en los que no he estado atento y receptivo al amor de Dios. (Pausa de 30 segundos)

- Ayúdame a ver a través de los ojos de Dios cómo el espíritu de Dios estará conmigo cuando me vaya de aquí, y cómo el Espíritu Santo me puede guiar a través de mañana. (Pausa de 30 segundos)

Amén

Capítulo 3

Bienvenida y presentarse [10 min]

¿Qué te gustaría compartir de tu vida en esta reunión?

Oración [5 min]

Sabiduría 8:17, 18, 21, 9: 1; 9: 10-11

Presentación [10 min]

Charla breve sobre el reflejo, aclarando, afirmando, y cómo hacer preguntas de manera que le invitan a una persona a ir más profundo.

Sesión de Dirección [10 min]

Modelo de dos directores en una sesión corta de dirección.

Discusión en dirección [15 min]

El grupo analiza cómo el director utilizo el reflejo, aclaro, afirmo, e invito a ir más profundo.

Compartir las preguntas de reflexión [15 min / persona]

1. ¿Cómo estoy discerniendo el movimiento de los espíritus?
2. ¿Cómo tomo las decisiones? ¿Cómo escucho dentro de mí?
3. Como resultado de estar asociado con este retiro ¿Hay alguna indicación más clara de ser llamado a este ministerio?

Proceso de Compartiendo

- Invitar a todos a entrar en el proceso
- Pida silencio para conseguir contracción y estar dispuesto a escuchar al Espíritu [1 min]
- acciones individuales [8 min]
- oración en silencio [1 min]
- Los miembros del grupo responden a la presentadora (mediante la creación de reflejos, aclarando, afirmando, que invita a ir más profundo) [5 min]
- Individuo comparte como experimento el proceso [1 min]
- Vuelva al paso 2 de arriba para la siguiente persona.

Discusión del Libro [15 min]

    Invitando al Místico, Apoyo al Profeto - Cap. 5-end.

Ejercicios Espirituales de San Ignacio Discusión [15 min]

    Leer los Ejercicios Ignacianos Anotaciones 16, 19, 20, 24. 32-43.

Oración de Clausura - 1 Corintios 12: 5-11 [2 min]

Evaluar de la reunión [5 min]

Deberes

1. Lea los primeros cinco capítulos de Encontrar a Dios en Todas las Cosas por William A. Barry, SJ
2. Utilice el folleto para su oración durante el próximo mes.
3. Ore acerca de sus dones utilizando 1 Cor 12: 5-11.
4. Asista a la reunión mensual con los nuevos participantes del retiro.
5. Ore el Examen diario.

6. Visita con tu director espiritual al menos una vez.
7. Lea los Ejercicios Ignaciana Anotación 4, 6, 7, 8, 9

Espejo, Aclarar, Afirmar, Invitar y / o Desafío Profundidad
Presentación de la muestra (facilitadores traerán su propia experiencia y ejemplos)

Espejo - "Así que parece que usted se siente ..." Escuche con atención al lenguaje corporal tácito, así como a las palabras. Repita de un modo nuevo lo que has oído a la persona decir, repetir de nuevo los sentimientos que has oído.

Uno de mis ejercitantes vino a mí preocupado de que ella había aprendido poco esa semana. Ella había pasado la semana en la misma escritura - la tormenta, que viaja en el barco con Jesús y los apóstoles. Explicó cómo su chequera estaba fuera de balance, sin embargo, su marido pasó imprudentemente, y lo enfadada que ella estaba con él - la tormenta de su vida.

"Suenas enojada y herida."
"Exactamente."

Después de discutir más acerca de su oración y la Escritura dijo: "Supongo que el seguirle a Jesús no significa que usted nunca tendrá dificultades. Eso es nuevo para mí. Soy como un apóstol. Tengo miedo de mi propia tormenta, y me detuve de esperar en Jesús. Me embotello. Yo entorpezco mi coraje con la comida. O simplemente me quedo en la cama y lo dejo todo, y me siento impotente. Yo no quiero hacer eso nunca más."

Este fue un gran avance para ella.

Aclarar - "Voy a resumir lo que he oído decir." O "Así yo creo que estás diciendo ... ¿Te estoy escuchando correctamente?"

Escuche con atención, luego condense lo que la persona dijo. Haga preguntas para entender más claramente lo que él o ella está sintiendo o pensando.

Tuve un ejercitante en la desolación, que no podía decidir si tomar una oferta de trabajo en particular. Se sintió llamado a hacerlo, pero también hipócrita y temeroso. ¿Cómo podría ayudar a los demás debido a los problemas en su propia vida?

"Vamos a empezar por el principio," le dije. "¿Puedes decirme las calificaciones que tienes, y lo que pidió el trabajo, y cómo entender el llamado de Dios?"

Después de que ella me dijo a sus calificaciones, le dije, "he oído decir que te sientes inadecuada y con miedo. Pero a partir de lo que has dicho, usted tiene las habilidades. Usted parece estar en la desolación - sentirse distante de Dios. ¿Es así como lo ves?"

"Sí, la desolación. Sólo escuchándole me ayuda mucho. Sé que el miedo no es de Dios. Esto ha sido muy útil", dijo. "¿Podría orar conmigo, que el Señor le quita sus dudas si no son de Él?"

Aclarando su confusión le ayudó a resolver la decisión.

Afirmar - "¿Te diste cuenta lo que pasó allí, estoy impresionado de que usted haya podido ..."?

Dile a la persona los aspectos positivos de la experiencia que ha tenido, y lo que usted percibe que él o ella aprendió de esa experiencia.

A menudo, la gente no sabe si sus ideas o experiencias las están acercando a Dios, o si estos eventos son productos de su propia imaginación. Afirmación ayuda a la persona a resolverlo.

Uno de mis ejercitantes fue a la fiesta de bodas de Canaán (en oración) donde vio a un niño pequeño afuera, que no fue invitado. Ella estaba muy preocupada con este niño, pero se vio obligada a ir a la fiesta de bodas. En el interior, para su alivio, se encontró con Jesús también muy preocupado por este niño. Jesús salió y le cogió al niño. De pronto, la mujer reconoció al niño como que es ella misma. Ella y el niño se funden y se convierten en uno.

Jesús le trajo a la fiesta, (que simbolizaba la vida de esta mujer). Jesús la consoló; él le dijo que era su huésped. Se sintió de nuevo conectada con la vida. Con Jesús ella pertenecía; ella fue invitada. En la oración, ella lloro, abrumada por la emoción.

Había sido una poderosa consolación, pero en el momento que se reunió conmigo, ella descontaba su experiencia. "Debo haberle inventado todo", ella ofreció.

Le dije: "Dime más." Después de más discusión, le dije: "Me parece que le dieron un regalo de sentir que Jesús te ama directamente "

Ella dijo: "¿En serio? Cuando pienso de esa manera, me siento afirmada y me amada."

Invita y el desafía de ir más profundo - "Podría ser una buena idea si usted... ¿Ha considerado...?" ¿Considerarías regresar a eso de nuevo y orando acerca de...?

Permanecer en oración durante dirección. Escuche con atención a cómo la persona dirigida podría acercarse a Dios. Pídele al Señor si usted debe compartirlo.

Uno de mis ejercitantes tuvo un sueño en que ella estaba en la iglesia, escondiéndose del sacerdote. Desnuda y avergonzada de ello, ella dudó en compartir conmigo. Ella pensó que fuera sexual de alguna manera, y se sintió avergonzada de que la iglesia y los sacerdotes deben estar conectados a la desnudez.

"¿Te gustaría explorar este tema?", Le pregunté.

Ella estaba dispuesta, y hablamos un poco acerca de ella, pero no llegó a ningún entendimiento claro.

"Tal vez durante su tiempo de oración esta semana, usted podría tomar este sueño a Jesús," le dije. Piense en sus sentimientos incómodos. Pídale al Señor que le ayude a encontrar dónde, en usted, están viniendo. Ella se retorció, pero estuvo de acuerdo.

Con más oración, la mujer se enteró de que ella se sentía demasiado vulnerable en la presencia de un sacerdote, también espiritualmente desnuda. Ella decidió que quería deshacerse de eso y aprendió a crecer más cerca del Señor a través de su vulnerabilidad espiritual.

En otra ocasión, una mujer mayor estaba orando acerca de su propia muerte, y sintió tristeza que no había logrado nada. Era una tristeza profunda y temerosa. Entonces ella se sentía culpable por querer "lograr" las cosas. "Después de todo, ¿no deberíamos querer hacer lo que Dios quiere?", Se preguntó.

Le dije: "Háblame de la tristeza. ¿De qué valores, necesidades, y pérdidas estás triste? "

Ella pensó un rato. "No se trata de actividades; Quiero yo misma completarme. La idea de que yo podría morir antes de que este entera y completa - la manera en que Dios me quiere - que es muy triste. ¿Cómo puedo romper las barreras que me impiden hacer la voluntad de Dios? "

Si no hubiera sido desafiada a profundizarme, ella no podría haber conectado su dolor a su necesidad de crecer más cerca de Dios.

Resumen

Estas técnicas se pueden utilizar en todas las sesiones de dirección para ayudar a su ejercitante acercarse a Cristo, y profundizar la comprensión de lo que sucedió en su sesión de oración. Úsalos con frecuencia.

Capítulo 4

Bienvenidos y presentarse [5 min]

¿Qué te gustaría compartir de tu vida cuando nos reunimos?

Oración: Oración de desapego (abajo) [5 min

> Te lo ruego, mi Señor,
> Que elimines de mi todo lo que me separa
> de ti y tú de mi elimina cualquier cosa que
> me hace indigno
> De tu vista, tu control, tu represión;
> De tu discurso y la conversación,
> De su benevolencia y amor.
>
> Arroja de mí todo mal,
> Que se interpone en el camino de mi vista.
> Al oír, gustar, saborear y tocarte
> Ante el temor y ser consciente de ti;
> Sabiendo, confiando, amando, y
> poseyéndote;
> Siendo consciente de tu presencia
> Y lo que puede haber, disfrutando de ti.
>
> Esto es lo que te pido por mí mismo
> Y sinceramente deseo de ti.
> Amén.
>
> ~ *Blessed Peter Faber S.J.*

Presentación [10 min]

Hable sobre las directrices para la Conducta Ética

Preguntas para la reflexión y discusión [10 minutos]

• ¿Cómo podrían estas directrices contribuir a su práctica de la dirección espiritual?
• Realice una de las directrices de las que hablamos desafío que? Si es así, ¿cómo?

Sesión de dirección [10 min]

Modelo de la sesión de dos directores.

Discusión del grupo [15 minutos]

Grupo discutir cómo el director utiliza la ética mencionados en la charla.

Compartir en las preguntas de refección [15 min / persona]

• ¿Cómo estoy discerniendo el movimiento de los espíritus en mí en este momento?
• ¿Cómo puedo hacer decisiones? ¿Cómo escucho en mi interior?
• Como resultado de estar asociado con este retiro ¿hay alguna indicación más clara de mi llamado a este ministerio?

Compartiendo el proceso:

1. Invitar a todos a que entren en el proceso
2. Pida silencio para conseguir centrarse y disponerse a escuchar al Espíritu [1 min]
3. Acciones individuales [8 min]

4. Orar en silencio [1 min]
5. Los miembros del grupo responden a la presentadora (mediante la creación de reflejos, aclarando, afirmando, que invita a ir más profundo) [5 min]
6. Compartan individual como él o ella experimento el proceso
7. [1 min]
8. Vuelva al paso 2.

Discusión del libro [15 minutos]

- Discutir los primeros 4 capítulos de *Encontrar a Dios en todas las Cosas* por William A. Barry, SJ
- *Ejercicios Espirituales de San Ignacio* Discusión [20 minutos] - Anotaciones 4, 6, 7, 8, 9.

Oración Final [2 min]

Reza "La Oración del Desapego" de nuevo.

Evaluar la reunión [5 min]

¿Cómo fue esta reunión para usted?

Deberes

• Lea los capítulos 4-8 en Encontrar a Dios en todas las Cosas por William A. Barry, SJ
• Utilice el folleto para su oración durante el próximo mes.
• Continuar con el rezo del Examen diario.
• Consulte con su director al menos una vez este mes.
• Lea las Anotaciones 14, 15, 16 de los Ejercicios Espirituales.
• Ore por sus regalos utilizando 1 Corintios 12: 5-11
• Asista a la reunión del grupo de anotación Ejercicio

19a Espiritual (si está disponible)

Oración del Desapego

Por Beato Pedro Fabro SJ

Te lo ruego, mi Señor,
Que elimines de mi todo lo que me separa
de ti y tú de mi

Elimina cualquier cosa que me hace
indigno
De tu vista, tu control, tu represión;
De tu discurso y la conversación,
De su benevolencia y amor.

Arroja de mí todo mal,
Que se interpone en el camino de mi vista.
Al oír, gustar, saborear y tocarte
Ante el temor y ser consciente de ti;
Sabiendo, confiando, amando, y
poseyéndote;
Siendo consciente de tu presencia
Y lo que puede haber, disfrutando de ti.

Esto es lo que te pido por mí mismo
Y sinceramente deseo de ti.

Amén.

Peter Faber (1506-1546) fue uno de los primeros compañeros de San Ignacio. Ignacio consideraba a Faber más dotado para dirigir los Ejercicios Espirituales. Esta oración es de Corazones en el Fuego - Orar con los Jesuitas [P 25].

Pautas de conducta éticos

Para los Jesuitas y sus colegas en el Ministerio de los Ejercicios Espirituales en los Estados Unidos y Canadá que hablan Inglés. *(Véase el Apéndice A para el texto completo)*

Términos:

- Dirigido - Persona que viene para la dirección.
- Dirección Espiritual - Escuchar y estar presente a una persona, para ayudarle a descubrir dónde Dios está trabajando en todos los aspectos de su vida, incluyendo la oración, las relaciones, el trabajo, la familia, y más.
- Consultación - Buscando el asesoramiento de un director con más experiencia acerca de un problema encontrado durante la dirección espiritual. La consulta se centra en el dirigido y cómo acomodar o tratar su problema.
- Supervisión - Un tiempo estructurado donde el director analiza sus respuestas a una sesión de la dirección espiritual. La supervisión se centra en el dirigido.
- Formación - El proceso de preparación de una persona a convertirse en un director espiritual.

Formación Espiritual Personal

Los que darían los Ejercicios a los otros lo harán:

- Han completado totalmente las cuatro "semanas" de los Ejercicios Espirituales bajo la anotación de 19 o 20 (testificó por el director);
- Estar en la dirección espiritual personal por lo menos dos años;

- Hacer los ejercicios espirituales anuales o de formación;
- ¿Ha discernido un llamado a este ministerio;
- Ser un Católico Romano completamente iniciado y en buen estado durante al menos tres años o un miembro similar invertido de otra denominación Cristiana que es respetuoso de, y cómodo con el Catolicismo Romano.

Directores Espirituales Normas

Por favor, lea y discuta la Sección 1 Apéndice B

Sección I. Director Espiritual y el Yo

- Directores Espirituales asumen la responsabilidad para el crecimiento personal ....
- Los directores espirituales participan en la formación permanente como directores ....
- Los directores espirituales participan en la supervisión y / o consulta ....
- Los directores espirituales satisfacen sus necesidades fuera de la relación de la dirección espiritual en una variedad de maneras ....
- • Los directores espirituales reconocen sus limitaciones personales....

Capítulo 5

Bienvenida y presentarse [5 min]

¿Qué te gustaría compartir de tu vida cuando nos reunimos?

Oración inicial [5 min]

> *Señor, ábrenos a tu dirección. Ayúdanos a escuchar con nuestro corazón y alma cuando hables.*
>
> *Abre nuestros corazones al Espíritu Santo, que es nuestro consejero, el que nos da todos los buenos dones, para que sepamos de dónde nos llamas en este momento.*
>
> *Abre nuestros ojos a los maravillosos regalos que nos das, para que podamos aclarar lo que apreciamos. Llénanos de la gracia que necesitamos para liberarnos de todo lo que nos ata al pecado, la tristeza y la vergüenza.*
>
> *Pedimos especialmente la gracia de escuchar tu voz durante esta reunión, para que podamos compartir nuestro trayecto con franqueza y alegría.*
>
> *Amén*

Discusión [10 minutos]

- Intelectual y Formación Profesional [Apéndice A]
- Guías para la Conducta Ética - Sección II - Director Espiritual y la directee
- Lea y analice las direcciones a continuación. Luego responde a las preguntas.

Preguntas para reflexionar y debatir sobre la Ética

- ¿Cómo podrían las direcciones ayudar a su práctica de la dirección espiritual?
- ¿Notas alguna preocupación ética en la dirección espiritual que estas direcciones no hablan?

Sesión de dirección [10 min]

- Sesión Modelo de dos directores.

Discusión de grupo [15 minutos]

- Los miembros del grupo discuten cómo el director utilizo la ética mencionados en la charla.

Compartir en preguntas de refección [15 min / persona]

1. ¿Cómo estoy discerniendo el movimiento de los espíritus en mí en este momento?
2. ¿Cómo puedo hacer decisiones? ¿Cómo escucho en mi interior?
3. Como resultado de estar asociado con este proceso, ¿tengo alguna indicación más clara de mi llamado al ministerio de la dirección espiritual?
4. *Compartiendo el proceso:*

5. Invitar a todos a que entrar en el proceso
6. Pida silencio para estar centrado y preparado a escuchar al Espíritu [1 min]
7. Comparten individual [8 min]
8. Orar en silencio [1 min]
9. Los miembros del grupo responden a la presentadora (mediante la creación de reflejos, aclarando, afirmando, invitando a ir más profundo) [5 min]
10. Individual comparte como él o ella experimentaron el proceso [1 min]
11. Comience el proceso con la siguiente persona.

Discusión del Libro [15 minutos]

- Discutir los capítulos 5 – 8 Búsqueda de Dios en Todas Las Cosas [20 min]
- Ejercicios Espirituales de San Ignacio [20 min] - Revisar y discutir Anotaciones 14, 15, 16.

Oración final [02 min]

Gracias Señor, por ensenarme sobre la dirección espiritual y los estándares necesarios para los ejercicios espirituales de San Ignacio.

Tu me has dado un gran regalo – la capacidad de discernir. Y por supuesto este don requiere trabajo incluyendo la oración, la introspección y la vulnerabilidad. También es necesario aprender una nueva forma de proceder.

Pero estoy dispuesto a comprometerme a

este esfuerzo. Quiero servirte. Así que muéstrame donde me estas llamando. Jesús, por favor abre mi corazón a la información que imparte y a la belleza de tu gracia dándome libremente. Eres tan bueno, tan generoso, tan cariñoso. Proclamo tu bondad y gracias por tu generosidad.

Ayúdame a ser más humilde, para que pueda ser más humano, mas sincero y mas digno de tu amor y gracia. Déjame estar abierto a tu voluntad, no importa lo que sea.

Amen.

Evaluar la reunión [05 min]

- ¿Cómo fue esta reunión para usted?

Deberes

- Lea los capítulos 9-11 en Encontrar a Dios en todas las cosas por William A. Barry, SJ
- Reúnase con su director espiritual al menos una vez este mes
- Ore todos los días, incluyendo el Examen
- Asista a las reuniones del grupo de los Ejercicios Espirituales
- Lea las Anotaciones 17, 18, 22.

Formación del Director Espiritual
(Desde el Apéndice A)

Formación Intelectual

De las Direcciones para los Jesuitas y sus colegas en el Ministerio de los Ejercicios Espirituales en los EE.UU. y Canadá que Hablan Inglés.

Los que darían los Ejercicios a los demás tendrán:

- Recibió instrucción básica sobre la estructura y dinámica de los Ejercicios;
- Estar familiarizado con el "texto" de los Ejercicios;
- Una comprensión básica del estudio de la Sagrada Escritura, especialmente del Nuevo Testamento;
- Una comprensión básica de Teología (especialmente Teología de la Trinidad, de Cristo, de la salvación, de la moralidad y de la Iglesia).

Formación Profesional

Los que darían los Ejercicios a los demás tendrán:
- Recibido uno-a-uno mentoring3 y supervision4 por un director experimentado a través de dos retiros para los que dan retiros dirigidos individualmente;
- Recibió tutoría por un predicador experimentado durante al menos dos retiros, para los que dan retiros de conferencias
- Las habilidades básicas de consejería pastoral, por ejemplo, habilidades de escuchar;
- Formación en la predicación de los que dan retiros de conferencias.

Nota: Una persona que no tiene todo el entrenamiento formal anterior, pero que ha estado practicando competentemente en este campo durante hace algunos años puede ser reconocido como que tiene la equivalente competencias, conocimientos y experiencia.

Normas para Directores Espirituales

Por favor, lea y discuta la Sección II, Apéndice B.

II - Directores Espirituales con los dirigidos

1) Los directores espirituales iniciarán la conversación y establecerán los acuerdos con los dirigidos sobre ...

2) Los directores espirituales honrar la dignidad del dirigido por ...

3) Directores Espirituales mantendrán la confidencialidad y la privacidad del dirigido por ...

Capítulo 6

Bienvenida y presentarse [10 min]

¿Qué te gustaría compartir cuando nos reunimos?

Oración de Apertura

---

*Que complazca al Bien Supremo y Divino
Para darnos a todos la gracia abundante
Alguna vez para conocer su santa voluntad
Y cumplirla perfectamente.
Amén.*

[Esta oración está al final de muchas cartas que escribió San Ignacio.]

Formación [10 min]

- Terminar de discutir el material del Apéndice A
- Lea y discuta las Guías para la Conducta Ética - Otros Director Espiritual y – la Sección III

Pregunta para la Discusión

- ¿Cómo entiendes las posibles dificultades relacionadas con las "múltiples partes y relaciones", "desequilibrio de poder", "límites" y "confidencialidad"?

Observar una sesión de Dirección Espiritual y comentar

Reflexión en grupos pequeños

¿Dónde estoy en la consolación y en la desolación en

relación con este proceso?

Compartir las preguntas de refección [15 min / persona]

- ¿Cómo estoy discerniendo el movimiento de los espíritus en mí en este momento?
- ¿Cómo puedo hacer decisiones? ¿Cómo escucho en mi interior?
- Como resultado de estar asociado con este retiro ¿hay alguna indicación más clara de mi llamado a este ministerio?

Compartiendo el proceso

1. Invitar a todos a entrar en el proceso.
2. Pida silencio para conseguir centrarse y disponerse a escuchar al Espíritu [1 min]
3. Individuo comparte [8 min]
4. Orar en silencio [1 min]
5. Los miembros del grupo responden a la presentadora (mediante la creación de reflejos, aclarando, afirmando, que invita a ir más profundo) [5 min]
6. Individuos comparten como ellos experimentaron el proceso [1 min]
7. Vuelva al paso 2 para la siguiente persona.

Discusión del Libro [15 min]

- Reunir a los discernidores juntos (si separado) y discutir *Encontrar a Dios en Todas las Cosas* - los capítulos 9-11.
- Ejercicios Espirituales de San Ignacio - Revisar y discutir Anotaciones 17, 18, 22.

Oración Final

> *Revela, Oh Señor, tus caminos para mí*
> *Y enséñame tus caminos.*
> *Guíame en tu verdad, y enséñame;*
> *Porque tú eres mi Dios y mi Salvador.*
>
> *~ Bienaventurados Pedro Fabro, SJ.*

Evaluar la Reunión [5 min]

Deberes

- Lea *el Arte de Escuchar Cristiana* - Thomas Hart; Páginas 1-60.
- Reúnase con su director espiritual, al menos una vez durante el mes.
- Ore todos los días, incluyendo el Examen
- Asista a la reunión del grupo de los Ejercicios Espirituales de anotación 19o (si está disponible)
- Lea *los Ejercicios Espirituales de San Ignacio* # 170-# 189.

Continua la Educación / Formación
(Viene de la Apéndice A)

Los que darían los *Ejercicios* a otros lo harán:
- Participar anualmente en una conferencia, un curso formal, seminario, u otro programa estructurado en el ministerio espiritual;
- Realiza la lectura regular en la espiritualidad y la religión;
- Mantiene en marcha un curso en supervision5 (uno-a-uno, grupo, por pares, o con el director del centro de retiro);
- Hace un retiro anual personal;
- Continúa recibiendo dirección espiritual.

La práctica de dar los Ejercicios

Los que dan los Ejercicios a otros lo harán:
- Respete los límites profesionales con respecto a las relaciones, entorno, lugar, contenido, etc.6;
- Observe estrictamente la confidentialidad7 (como limitado por las laws8 de reporte obligatorio);
- Consultar y referir9 al encontrar áreas de desconocimiento o de no competencia (por ejemplo, trastorno emocional o psicológico);
- Ser fiel al contenido de los Ejercicios Espirituales de Ignacio, revisar periódicamente las "anotaciones" y "reglas"
- Evaluar cada retiro con cuidado.

Directrices para la conducta ética

Por favor, lea y discuta la Sección III, Apéndice B.

III - El Director Espiritual y Otros

1) - Los colegas directores espirituales mantienen relaciones colegiales con los ministros y los profesionales...

2) Comunidades de Fe - Los directores espirituales mantienen relaciones responsables en las comunidades de fe...

3) Sociedad – Directores espiritual, al presentarse ante el público, preservar la integridad de la dirección espiritual...

Capítulo 7

Bienvenidos y presentarse [10 min]

¿Qué te gustaría compartir brevemente de tu vida cuando nos reunimos?

Oración inicial [2 min]

Señor, abre nuestros corazones al Espíritu Santo, nuestro consejero, quien da los buenos regalos.
Abre nuestros ojos a la gracia y ayuda a proveer para que podamos a aclarar lo que anhelamos y que nos llames.
Llénanos con la gracia que necesitamos para liberarnos todo lo que nos ata o nos hace alejar de ti. Haz espacio en nuestros corazones para revelar donde nos llamas en este momento.

Nosotros especialmente pedimos la gracia de escuchar tu voz durante esta reunión, para que podamos compartir nuestro viaje con franqueza y alegría.

Amen

Revisión [3 min]

- Revisar el calendario interno
- Revisar las instrucciones del documento de síntesis.

Discusión del Libro [30 min]

- Hable de lo que ha leído en el *Arte de Escuchar Cristiana* - Thomas Hart; Páginas 1-60.

Compartiendo [15 min / persona]

Compartir dónde usted está en su proceso de discernimiento, en relación a continuar en el año Interno.
1. Una persona se ofrece como voluntaria para comenzar a hablar.
2. Silencio para centrarse y prepararse para escuchar al espíritu
3. Acciones individuales
4. Orar en silencio
5. Los miembros del grupo responden mediante la creación de reflejos, aclarando, confirmando, que invitan a ir más profundo, un desafío.
6. Los miembros del grupo comparten pensamientos sobre cómo introducir al individuo a entrar en el Programa Interno.
7. Acciones individuales de cómo fue este para él / ella
8. Grupo toma un minuto tranquilo para estar prepararse para escuchar a la siguiente persona.

Ejercicios Espirituales de San Ignacio de Loyola [20 min]

- Revisar y discutir # 170- # 189.

Observar una sesión de la dirección espiritual y comentar.

Evaluar la Reunión [5 min]

- ¿Cómo fue esta reunión para usted?
- ¿Cómo fue este año para usted?

- ¿Cómo podemos mejorar el proceso?

Oración final [5 min]

'Un Elogio a la Providencia de Dios – Pagina 77. [De *Corazones en el Fuego*, en la página 68.]

Deberes

- Lea *El Arte de Escuchar Cristiana* - Thomas Hart; Páginas 61 hasta el fin.
- Continuar rezando el Examen
- Véale a su director espiritual
- Asista a la reunión del grupo de los Ejercicios Espirituales anotación 19a (si está disponible).

Horario del Director Espiritual Interno

La siguiente lista le proporcionará con las expectativas y obligaciones de un buen practicante. Reuniones Internas consisten de dos partes: una hora de entrenamiento y una hora de supervisión. Sus organizadores le harán saber el costo, si los hubiera.

Entrenamiento

Cada presentación de capacitación consta de cuatro partes:
- Explicación e información sobre los puntos de esta parte / movimiento del retiro;
- ¿Cómo facilitar este movimiento con su dirigido;
- Bloques comunes a este movimiento;
- Discusión y preguntas con otros internos.

Supervisión

Como interno, durante el transcurso de la capacitación de nueve meses, usted:
- Presenta un documento de supervisión cada mes;
- Participa en la revisión continua de las fortalezas y el crecimiento; bordes en el ministerio de la dirección espiritual, incluyendo reuniones uno-a-uno con un director veterano;
- Dirija a una o dos personas a través de los Ejercicios.

Mes	Tema
Septiembre	Orientación, la vida de San Ignacio, el contacto inicial con el dirigido
Octubre	Principio y Fundación
Noviembre	Amar al Pecador / ¿Cómo facilitar el movimiento con el dirigido
Deciembre	Llamada del Rey e Introducción a la Segunda Semana
Enero	2 niveles, 3 tipos de personas, 3 grados de humildad
Febrero	Reglas del Discernimiento
Marzo	La Pasión
Abril	La Resurrección
Mayo	Aprender a amar como Dios, Evaluación

Intern Program Hours

Actividad	Horas / Meses	Total
Reuniones de Retiro	2.5 x 9 reuniones mensuales	22.5
Sesiones del programa Interno	2 x 9 reuniones mensuales	18.0
Reuniones de Planificación	2 hr. reuniones x 9 meses	18.0
Sesiones de dirección (individuales)	Reunión 4x1-hora / mes x 9 meses	36.0
Horas Totales		94.5

Calendario provisional para las reuniones del grupo (llene las fechas)

September	December	March
October	January	April
November	February	May

Disciernir su llamada

Tarea Escrita para los Discernidores

Estamos llegando al final del Año de discernimiento, por lo que es hora de hacer su decisión. Para hacer esto, usted tendrá la oportunidad de practicar el discernimiento y escribir un artículo sobre el tema para el resto del grupo. Aquí es como la manera de proceder.

Por favor, oren con la siguiente escritura antes de comenzar su trabajo.

> *1 Corintios 12: 4-11 "Hay una variedad de regalos, pero siempre el mismo Espíritu; hay todo tipo de servicio que hay que hacer, pero siempre el mismo Señor; trabajar en todo tipo de diferentes maneras en diferentes personas, es el mismo Dios que está trabajando en todas ellas ... ".*

Considere la hoja que te han dado en relación con el tiempo que necesita invertir para ser un interno. Piense si usted tiene la capacidad para comprometerse con eso. Si usted se siente llamado, pero no tiene el tiempo en este momento, puede optar por continuar en el programa de discernimiento por otro año.

Escriba un ensayo de discernimiento describiendo sus pensamientos sobre cómo convertirse en un director de los Ejercicios Espirituales (hasta 3 páginas). Se centran principalmente en si se siente llamado o no al programa de internos. Exponga sus razones por las cuales, a la luz del discernimiento que ha hecho usted solo y con este grupo.

Envié copias de su papel a cada persona en este programa dos semanas antes de la reunión final del grupo, incluyendo los facilitadores, para que podamos discutirlas en la reunión final.

Lea todos los documentos de síntesis y escriba una recomendación acerca de cómo se ve cada uno de los otros discernidores y su participación en el programa de interno.

El coordinador (s) se reunirá con cada uno de ustedes uno-a-uno siguiendo la reunión final de discernimiento. Él / ella permitirá a cada uno de ustedes saber la decisión para la participación en el programa.

Pensamientos y Lecturas para ayudarle en su discernimiento

Reconocimiento de Regalos y Carisma

Lea 1 Corintios 12: 4-11 - Variedad de regalos

1. ¿Qué es lo que percibo como los dones especiales de un director espiritual? ¿Qué dones he visto en los que me han dirigido?
2. ¿Qué regalos puedo reconocer en mí mismo que podría ser ofrecido en el servicio de los demás como un director espiritual?
3. ¿Hay otros que reconocen o buscan mis dones en la área de compañerismo o dirección espiritual?
4. ¿Tengo yo un sentido conmigo mismo de una "carisma" específica o regalo para este trabajo?

Las preocupaciones y Temores

Lea Lucas 9: 12-17 - El milagro de los Panes y los Peces

¿Qué preocupaciones o miedos tengo sobre mi capacidad para dirigir a otros? ¿Dónde temo yo que no tengo suficiente de aquellos que pueden venir a mí con hambre?

¿En qué áreas de necesidad de crecimiento personal estoy más consciente en este momento? ¿Cómo podrían inhibir mi capacidad para dirigir?

¿Soy fiel en mi propio crecimiento espiritual mediante el habito de la oración diaria, la reunión con un director espiritual, y la apertura a nuevos aprendizajes?

¿Soy capaz de reconocer mis áreas de pobreza o la falta de humildad, para llevarlos ante Jesús y confiar en que Él puede bendecirlos y hacerlos lo suficientes?

Capacidad para dedicar tiempo y energía

Lea Mateo 13: 44-46 - La Perla de Gran Precio.

En su imaginación, pese esta "perla de gran valor" en una bandeja de equilibrio. En la otra bandeja, considere:

- El tiempo ya-comprometido o la energía de mi vida a la familia, los amigos, la alegría, la comunidad
- El tiempo requerido para la formación y la participación en los ejercicios que incluyen:
    - Reuniones de directores
    - Entrenamiento interno y supervisión
    - Educación continua y clases
    - Tiempo de preparación
    - Reuniones el sábado
    - Reuniones con los dirigidos
    - Mi salud, nivel de energía, tiempo necesario para rezar y crecer
    - Finanzas

Oración - Un Elogio a la Providencia de Dios
~ San Claudio La Columbiere JS.

Amorosa y tierna providencia de mi Dios, En tus manos encomiendo mi espíritu. A ti abandonaré mis esperanzas y temores, Mis deseos y repugnancias, Mis perspectivas temporales y eternas.

A ti encomiendo las necesidades de mi cuerpo perecedero. A ti encomiendo los intereses más preciados de mi alma inmortal, por cuya suerte no tengo nada que temerSiempre que yo no abandone tu cuidado.

Aunque mis defectos son muchos, mi miseria grande, Mi pobreza espiritual extrema, Mi esperanza en ti supera todo. Es superior a mi debilidad, Mas grande que mis dificultades, Más fuerte que la muerte.

Aunque las tentaciones deberían atacarme, Yo esperare en ti; Aunque yo rompa mis resoluciones, Te buscare con confianza para que la gracia los conserve Por fin.

Aunque deberías pedirme que me muera, Incluso entonces confiar en ti, Porque tú eres mi Padre, mi Dios, El apoyo de mi salvación. Tú eres mi padre amable, compasivo e indulgente, Y yo soy su hijo devoto, Que me arrojo en sus brazos y le pido la bendición, Confió en usted, Y por lo tanto la confianza, no se confundira.

Amén.

Capítulo 8

Bienvenidos y presentarse [10 min]

¿Qué te gustaría compartir brevemente de tu vida cuando nos reunimos?

Oración inicial [5 min]

(Forma libre) Pida al Espíritu Santo regalar a los miembros del grupo con la franqueza.

Discusión del Libro [15 min]

Hable de lo que ha leído en *El Arte de Escuchar Cristiana* - Thomas Hart; Páginas 61 al fin.

Compartiendo [15 min / persona]

Facilitador describe la estructura del proceso de grupo de esta noche. Cada discernidor comparte:
- El resumen de su papel.
- Yo soy, o no estoy llamado a ser parte del programa de internos, a la luz del discernimiento realizado durante el año pasado.

Proceso de compartir: [15 min por persona]

1. Invitar a la persona a entrar en el proceso
2. Silencio para prepararse a escuchar con el Espíritu
3. Acciones individuales
4. Orar en silencio
5. Los miembros del grupo responden a la presentadora (espejo, aclarar, reafirmar, invitan, desafían a una persona para ir más profundo.)

6. Los miembros comentario con respecto a la persona que entra en el Programa de Pasantías.
7. Las acciones individuales de cómo era esto para ellos
8. Grupo toma un breve descanso, para prepararse para la próxima persona.

Oración Final

1 Corintios 12: 4-11 Variedad de regalos

Evaluar la Reunión y el Año
- ¿Cómo fue esta reunión para usted?
- ¿Cómo evalúa el año?
- ¿Cómo podemos mejorar el proceso?

El siguiente Paso – Reuniones individuales

- Organizar un horario y lugar para las reuniones individuales entre el facilitador (s) y el disciernidor.

Capítulo 9

Agenda de la Reunión Individual

Saludo

Oración de Apertura

Discusión

- Felicitar al discernidor por su esfuerzo y compromiso durante el año pasado
- Afirmar los regalos que ves
- Revisa el contenido de su papel
- Revisar los comentarios hechos en la última reunión.
- Discutir los límites del crecimiento, donde él o ella necesita crecer, aprender, o expandirse para poder continuar
- Confirmar la decisión de discernimiento
- Presente un certificado de finalización (si lo prefiere)
- Próximos Pasos

Oración Final

Desde el corazón – ambos comparten.

Apéndice A

Directrices para los Jesuitas
Y sus colegas,
En el Ministerio de los Ejercicios Espirituales

En los EE.UU. Y Canadá Habla - Ingles

De los provinciales Jesuitas de Estados Unidos y Canadá Habla - Inglés [1]

Nosotros, los Provinciales Jesuitas de la Asistencia de los Estados Unidos, junto con el provincial jesuita de Inglés Hablado en Canadá, reconocemos que los Ejercicios Espirituales de San Ignacio de Loyola son un regalo del Espíritu Santo para toda la Iglesia. Nos damos cuenta de que la Compañía de Jesús tiene una responsabilidad especial para preservar este regalo y promover su uso auténtico en sus muchas aplicaciones y adaptations.[2]

Además, reconocemos que la visión espiritual y el mundo de los Ejercicios Espirituales informan a todos los ministerios apostólicos de la Sociedad. Por lo tanto, ofrecemos a los Jesuitas y a nuestros socios la siguiente guía para este ministerio.

Atención y promoción de los Ejercicios Espirituales son los esfuerzos de colaboración que involucran a los Jesuitas y muchos otros. El liderazgo, la dotación de personal, y la gobernanza de las obras apostólicas afiliadas a los Jesuitas, si los centros de espiritualidad o instituciones educativas, se llevan a cabo por laicos, Jesuitas, el clero y los religiosos que trabajan juntos.

Esperamos que la formación jesuita incluirá una comprensión de la estructura y dinámica de los Ejercicios Espirituales y la preparación para dar en una o varias modalidades. Además, se deben hacer esfuerzos para ayudar a nuestros socios en el ministerio con la formación adecuada en los Ejercicios Espirituales.

Animamos a los Jesuitas patrocinado los ministerios de colaborar con otras asociaciones que participan en el ministerio de los Ejercicios, especialmente las redes jesuita inspiradas de los laicos que dan los Ejercicios Espirituales en la vida diaria. En la medida de lo posible, la Compañía de Jesús busca ofrecer orientación, formación y apoyo a estas asociaciones. La

Conferencia Jesuita promoverá conferencias y talleres regulares sobre la espiritualidad ignaciana en general y sobre la adaptación y la aplicación de los Ejercicios Espirituales, en particular.

Por último, les pedimos a los Jesuitas y las obras afiliadas a los Jesuitas cuyo ministerio está dando los Ejercicios Espirituales a adoptar las siguientes directrices. De acuerdo con el Principio y Fundación, utilice cada directriz en la medida en que promueve el ministerio.

Este conjunto de directrices se encuentra actualmente en revisión a partir de junio de 2015.

---

1 Este documento fue adoptado formalmente por los Provinciales jesuitas de los Estados Unidos y inglés hablando de Canadá en su reunión trianual en el 12 octubre, 2009.

2 Este documento distingue los términos "aplicación" y "adaptación", según el vocabulario de los Ejercicios Espirituales. "Aplicación" se refiere al acto por el que un ejercitante realiza uno o más de los ejercicios específicos según lo previsto en el texto de Ignacio. "Adaptación" se refiere a la práctica de la modificación de uno o más de los ejercicios o movimientos de los Ejercicios para adaptarse a las circunstancias o capacidades del ejercitante particulares. Anotación 18 define y alienta "adaptación".

A. Directrices para los que dan los Ejercicios Espirituales

Formación Espiritual Personal

Los que darían los Ejercicios a otros lo harán:
a) han completado la totalidad de cuatro "semanas" de los Ejercicios Espirituales bajo la anotación 19 o 20 (atestiguado por el director);
b) estar en la dirección espiritual personal y hacer un retiro anual durante al menos dos años;
c) han discernido un llamado a este ministerio;
d) ser completamente un Católico Romano en buen estado durante al menos tres años o similar a un miembro invertido de otra denominación Cristiana que es respetuoso de, y cómodo con el Catolicismo Romano.

La formación intelectual

Los que darían los Ejercicios a los demás tendrán:
a) recibió instrucción básica sobre la estructura y dinámica de los Ejercicios;
b) familiaridad con el "texto" de los Ejercicios;
c) una comprensión básica del estudio de la Sagrada Escritura, especialmente del Nuevo Testamento;
d) un conocimiento básico de la teología (especialmente la teología de la Trinidad, de Cristo, de la salvación, de la moralidad y de la Iglesia).

Preparación Profesional

Los que darían los Ejercicios a los demás tendrán:
a) recibido uno-a-uno tutoría[3] y supervisión[4] por un director experimentado a través de dos retiros para los que dan retiros dirigidos individualmente;
b) recibido tutoría por un predicador experimentado durante al

menos dos retiros, para los que dan retiros de conferencias;
c) habilidades de consejería pastoral básicos, por ejemplo, habilidades de escuchar;
d) formación en la predicación de los que dan retiros de conferencias.

Nota: Una persona que no tiene todo el entrenamiento formal anterior, pero ha estado practicando con competencia en este campo desde hace algunos años se puede reconocer como tener equivalente competencias, conocimientos y experiencia.

---

3 "Tutoria" se entiende como el proceso mediante el cual un experimentado director de entrenadores de retiro, instruye y guía a un director neófito.

4 "Supervisión" se usa aquí en el sentido en que la palabra se utiliza generalmente en las profesiones de ayuda. Se refiere a una práctica según la cual el director retiro reflexiona sobre y procesa con otro profesional de su / su propia experiencia interior mientras daba un retiro

Continuando la Educación / Formación

Los que darían para los Ejercicios a otros lo harán
a) participar anualmente en una conferencia, curso formal, seminario u otro programa estructurado en el ministerio espiritual;
b) hacer la lectura regular en la espiritualidad y la religión;
c) mantener en curso de supervisión [5] (uno-a-uno, grupo, por pares, o con el director de centro de retiro);
d) hacer anual un retiro personal;
e) continuará recibiendo dirección espiritual.

La práctica de dar los Ejercicios

Los que dan los Ejercicios a otros lo harán:
a) observar los límites profesionales estándar con respecto a las relaciones, entorno, lugar, contenido, etc.; [6]
b) observar estrictamente la confidencialidad[7] (según lo limitan las leyes[8] de informes obligatorios);

---

5. véase la nota 3 supra.
6. La Conferencia Jesuita recomienda los Directores Espirituales Directrices Internacionales para la Ética Llevar a cabo.
7. Nada aprendido del directee, incluyendo el nombre del directee, puede ser revelada a otros sin el permiso del directee. El director debe informar a la directee que él o ella (el director) está siendo supervisado y hará todo lo posible para proteger la identidad de la directee.
8. Estas leyes de informes obligatorios varían según el estado.

c) consultar y remitir[9] cuando entran en áreas desconocidas o que no es competente (por ejemplo, trastorno emocional o psicológico);
d) ser fiel al contenido de los Ejercicios Espirituales de Ignacio, revisar periódicamente las "anotaciones" y "reglas";
e) evaluar cada retiro con cuidado.

---

9. Cuando se trata de problemas psicológicos o emocionales que alteran el juicio de un directee (por ejemplo, trauma o adicción), el director puede, con permiso, consulte a un profesional o puede recomendar que el directee ver a un médico o especialista.

B. Directrices para los Centros Jesuitas de Espiritualidad y las casas de retiro

Misión: La Casa de Retiro Jesuita o el Centro de Espiritualidad

a) tiene una declaración de visión / misión oficial;
b) concentra sus programas en los Ejercicios Espirituales, su aplicación y la adaptación;
c) revisa y aplica las directivas de las Congregaciones Generales (incluyendo el diálogo ecuménico e interreligioso);
d) revisa y aplica las prioridades apostólicas de la provincia y la asistencia;
e) emplea un proceso de revisión y solicitud para el desarrollo de nuevos programas con una evaluación apropiada;
f) tiene programas que reflejan la misión de la casa / centro, responde a las necesidades de la Iglesia local y universal, y trata de satisfacer las necesidades de diversas generaciones y culturas;
g) ha aprobado programas de ambiente seguro para el ministerio, especialmente para menores y adultos vulnerables, según la provincia y las políticas diocesanas.

La vida litúrgica:

Las liturgias que se celebran en la casa o en el centro:
a) Refleja la buena práctica de la Iglesia contemporánea consistente con las normas diocesanas locales;
b) Apoya y mejora los programas de la casa / centro;
c) Modelo de buena liturgia sacramental (Eucaristía, Unción, y Reconciliación);
d) Fomenta un ambiente de oración para los programas en la casa o en el centro.

Práctica

Retiros de Conferencia Ignaciana:
a) renueva y profundiza la vida de fe y la práctica de la religión de los practicantes de retiros;
b) es una aplicación de la anotación 18 y debe incluir tanto un esfuerzo para disponer los dirigidos a las gracias de Ejercicios Espirituales de Ignacio y la instrucción en vivir la fe Cristiana;
c) está adaptada cuidadosamente para el grupo, con respecto a la etapa de la vida, género, estatus socioeconómico, etnicidad, cultura, etc.
d) alienta a los dirigidos para crecer aún más en su espiritualidad (por ejemplo, la anotación de 19o, semanas de oración del director, etc.).

Viabilidad

Los centros espiritualidad Jesuitas y casas de retiro:
a) atrae a una población de ejercitantes que refleja la Iglesia en la región y apoya el crecimiento continuo;
b) se dedica a la planificación estratégica;
c) trabaja hacia los recursos y los sistemas de rendición de cuentas para mantener las instalaciones y de apoyo a la misión financieros adecuados;
d) tiene la administración financiera competente y responsable;
e) lleva a cabo la recaudación de fondos para las necesidades del programa y de capital;
f) anuncia con éxito y promueve los programas patrocinados;
g) tiene edificios y terrenos que se apropiado para la misión;
h) es acogedor;
i) es seguro y bien cuidado, limpio, y atractivo;
j) renovado y mejorado para apoyar la misión en evolución.

Liderazgo

La dirección de los centros espiritualidad Jesuitas y casas de retiro:
a) está estructurado para cumplir con la misión y las necesidades particulares de la institución;
b) incluye una junta eficaz que ejerce, en colaboración con la provincia, la responsabilidad del ministerio
c) anima al personal, voluntarios y participantes del retiro en el análisis, resolución de problemas y la planificación para el futuro la eficacia del ministerio.

Personal

El personal / ministerial pastoral de los centros espiritualidad Jesuitas y casas de retiro:
a) tiene calificaciones consistentes con Rectores Directrices, Parte A.
b) se guía por las políticas que sean claras y proporcionado a todo el personal (es decir, que proporcionen en un manual del personal que incluye políticas sobre la conducta profesional, la contratación, despidos, etc.)
c) recibe una indemnización justa;
d) recibe apoyo para continuar la formación / educación;

Evaluaciones

a) La institución utiliza instrumentos de evaluación realizados por los asistentes[10] y directores de visita, revisa los datos, y hace cambios en la función de los datos.
b) El personal revisa anualmente su ministerio e implementa cambios basados en la autoevaluación y el cliente-evaluación.

---

10. Para retiros de anotación 19 y 20, el director serán evaluados por su directee.

c) El director de la institución asegura la evaluación del personal.
d) El representante de la junta y / o provincia asegura la evaluación del director.
e) La provincia se dedica a la evaluación anual de la institución y su ministerio.

Administración:

Los que están en el liderazgo en los ministerios patrocinados por el Jesuita hará lo siguiente:
a) han recibido preparación en administración y dirección;
b) han recibido formación inicial y permanente en la espiritualidad y la misión Jesuita;
c) observan las normas profesionales;
d) trabajan colegialmente con tablas, el personal y los representantes provinciales; y
e) reciben desarrollo profesional continuo.

Apéndice B - Guías para conducta ética

La conducta ética fluye de la reverencia vivida por la vida, incluido el yo y otros. Esta reverencia se extiende a la relación de dirección espiritual. Estas pautas están destinadas a instruir e inspirar a los directores espirituales en el programa SEEL a perseguir la integridad, la responsabilidad y la fidelidad en su ministerio y servicio a los demás.

Basado en las Pautas para la Conducta Ética
Spiritual Directors International, 2014

I. El Director Espiritual y el Ser

Espiritualidad personal

1. Los directores espirituales asumen la responsabilidad de su propio crecimiento personal. Ellos:
   a) Participa en la dirección espiritual regular.
   b) Seguir las prácticas y disciplinas espirituales personales y comunitarias.
   c) Participe en eventos y celebraciones de la iglesia.

Formación

2. Los directores espirituales participan en la formación continua y educación continua. Ellos:
   a) Continúa discerniendo su llamado al ministerio de dirección espiritual,
   b) Nutrir en el autoconocimiento y la libertad,
   c) Cultivar una idea de las influencias de la cultura, el contexto socio-histórico, el medio ambiente y las instituciones,
   d) Estudie las escrituras sagradas, la teología, la espiritualidad, la psicología y otras disciplinas relacionadas con la dirección espiritual.

Supervisión y consulta

3. Directores espirituales:
   a) Participar en la supervisión regular de sus compañeros o un mentor,
   b) Busque la consulta cuando sea necesario de y / o con otras personas debidamente calificadas.

Responsabilidad personal

4. Los directores espirituales satisfacen sus necesidades fuera de la relación de la dirección espiritual en una variedad de formas. Ellos:
   a) Equilibre el tiempo para las prácticas espirituales, el trabajo, el ocio, la familia y las relaciones personales para promover el autocuidado,
   b) Reconocer y abordar las dificultades que múltiples roles o relaciones pueden representar para la efectividad o claridad de la relación de dirección espiritual,
   c) Eliminarse de cualquier situación que comprometa la integridad de la relación de dirección espiritual.

Limitaciones

5. Los directores espirituales reconocen los límites de:
   a) Energía: restringe el número de destinatarios espirituales
   b) Atención: programe el espacio apropiado entre las reuniones y los destinatarios para que sea efectivo,
   c) Competencia: remita a los directos cuando sea necesario a otras personas debidamente calificadas.

II. El director espiritual y el dirigido espiritual

Pacto

1. Los directores espirituales inician la conversación y establecen la comprensión con los destinatarios espirituales sobre:
   a) La naturaleza de la dirección espiritual,
   b) Los roles y responsabilidades del director espiritual y el director espiritual,
   c) La duración y frecuencia de las sesiones de dirección espiritual,
   d) Compensación, en su caso, para ser entregada al director o institución espiritual,
   e) El proceso para evaluar y terminar la relación.

Dignidad

2. Los directores espirituales honran la dignidad de los dirigidos espirituales de muchas maneras:
   a) Respetar los valores, la cultura, la conciencia y la espiritualidad del destinatario espiritual
   b) Indagar en los motivos, experiencias o relaciones de los dirigidos espirituales solo cuando sea necesario,
   c) Reconozca el desequilibrio de poder en la relación de dirección espiritual y tenga cuidado de no explotarlo,
   d) Establecer y mantener límites físicos y psicológicos apropiados con el director espiritual,
   e) Abstenerse de comportamientos sexualidades, que incluyen, pero no se limitan a, palabras o acciones manipuladoras, abusivas o coercitivas hacia un destinatario espiritual.

Confidencialidad

3. Los directores espirituales mantienen la confidencialidad y la privacidad de los destinatarios espirituales. Ellos:
   a) Protege la identidad del director espiritual,
   b) Mantener confidencial todos los asuntos orales, electrónicos y escritos que surjan en las sesiones de dirección espiritual,
   c) Reconocer y revelar al director espiritual las limitaciones de la confidencialidad de las comunicaciones electrónicas,
   d) Llevar a cabo sesiones de dirección espiritual en entornos apropiados,
   e) Abordar las reglamentaciones legales que exigen la divulgación a las autoridades correspondientes, incluidos, entre otros, el abuso infantil, el maltrato a personas mayores y el daño físico a sí mismo y a los demás.
   f) Use seudónimos para un destinatario cuando sea usado en supervisión.

III. El director espiritual y otros

Colegas
1. Los directores espirituales mantienen relaciones colegiales. Ellos:
   a) Desarrollar relaciones intra e interdisciplinarias
   b) Solicitar que cualquier directivo espiritual que esté en terapia informe al terapeuta acerca de estar en dirección espiritual,
   c) Versiones seguras y por escrito de los destinatarios espirituales cuando se necesita compartir información específica,
   d) Respete a los ministros, clérigos, proveedores de servicios espirituales y otros profesionales dirigidos, sin menospreciarlos ni a su trabajo.

Fe y comunidades espirituales
2. Los directores espirituales mantienen relaciones responsables. Ellos:
   a) Permanecer abierto a procesos de discernimiento corporativo, responsabilidad y apoyo,
   b) Use apropiadamente las enseñanzas y las prácticas espirituales de la comunidad espiritual.
   c) Respete las relaciones del director espiritual con sus propias comunidades.

Sociedad
3. Los directores espirituales, cuando se presentan al público, preservan la integridad de la dirección espiritual al tener una relación correcta con las personas y las organizaciones. Ellos:
   a) representar las calificaciones y afiliaciones con precisión,
   b) definir la naturaleza y el propósito particular de la dirección espiritual,
   c) Buscar oportunidades para estar espiritualmente

disponible para los marginados,
d) vivir de una manera ecológicamente responsable y sostenible,
e) y respeta a todas las personas

Para mayor discusión:

¿Cómo comprendemos, como comunidad, las posibles dificultades asociadas con "múltiples roles y relaciones", "desequilibrio de poder", "límites" y "confidencialidad"?

Condiciones

Directores espirituales: hombres y mujeres capacitados que han discernido un llamado de Dios y de la comunidad para acompañar a las personas a través de los Ejercicios espirituales en la vida cotidiana (decimonovena anotación de los ejercicios espirituales de San Ignacio).

Formación - La comunidad SEEL se forma a través de un proceso de tres años. 1) La persona completa con éxito los ejercicios espirituales en la vida cotidiana. 2) La comunidad cree que están listos, están invitados a un año de discernimiento, lectura y estudio de los Ejercicios Espirituales de San Ignacio. 3) Un año de pasantías de estudio, supervisión mensual y dirigir a otro a través de los Ejercicios Espirituales.

Supervisión: un proceso grupal que evalúa una sesión de dirección específica utilizando el formulario del Manual de Supervisión. Requiere un documento escrito así como también una evaluación de una sesión de dirección específica.

Spiritual Exercises in Everyday Life (SEEL)

Estado de la misión
Los directores de SEEL Tri-Cities, WA, han sido llamados para acompañar a otros en su búsqueda de Dios. Respondemos a este llamado, atendiendo a lo santo, por medio de los Ejercicios Espirituales de San Ignacio, decimonovena anotación.

Propósito e historia
SEEL es un grupo de laicos entrenados en dirección espiritual para, y dedicados a proporcionar los Ejercicios Espirituales de San Ignacio, decimonovena anotación.

Esta comunidad espiritual sirve y apoya el ministerio en el contexto de la Iglesia Católica. Está afiliado a la Provincia de Jesuits West US. SEEL fortalece la fe de nuestra comunidad al acompañar y enseñar a aquellos que buscan orientación espiritual.

SEEL Tri-Cities comenzó en 1985 en Richland WA. En los años siguientes, la comunidad se ha expandido para proporcionar los Ejercicios Espirituales de San Ignacio a la región de Mid-Columbia. SEEL Tri-Cities es una organización sin fines de lucro 501 (c) (3) constituida en el estado de Washington, Los Estados Unidos.

www.ingramcontent.com/pod-product-compliance
Lightning Source LLC
Chambersburg PA
CBHW070450050426
42451CB00015B/3423